B. RONSTEIN

BIN ICH EIGENTLICH ECHT DEUTSCH?

TESTEN SIE IHRE NORMALITÄT

ZINNOBER VERLAG

CIP-Kurztitelaufnahme der Deutschen Bibliothek

Ronstein, B.:
Bin ich echt deutsch?:
Testen Sie Ihre Normalität / B. Ronstein.-
Hamburg: Zinnober Verlag, 1988
ISBN 3-89315-013-7

Copyright © 1988 Zinnober Verlag, Hamburg
Lektorat: Werner Heine
Programmbeirat: Volker Kühn
Gesamtgestaltung: Buchholz/Hinsch/Hensinger
Satz-, Litho-, Druck- und Bindearbeiten:
Druckerei Günter Runge, Cloppenburg
Printed in Germany

ERLÄUTERUNG

Begegnen Sie den Testaufgaben dieses Buches mit innerer Ruhe und dem aufrichtigen Bestreben nach Wahrheit.

Vermeiden Sie taktische Abwägungen beim Ankreuzen Ihrer Empfindungen beim Betrachten der Testbilder. Offenbaren Sie sich selbst, haben Sie keine Angst davor! Sie können das Buch anschließend verstecken, sollten Sie mit dem Ergebnis Schwierigkeiten haben. Hüten Sie sich vor Selbsttäuschungen, und versuchen Sie bitte nicht (in Ihrem eigenen Interesse), durch Zögern und Zaudern Ihre natürliche Reaktion auf die Testbilder zu verfälschen. Der wissenschaftliche Beirat des Autors empfiehlt eine Bedenkzeit von drei Sekunden für jedes Testbild.

Betrachten Sie bitte jetzt die auf Seite 6 stehende Zeichnung und kreuzen Sie dann nach spätestens drei Sekunden A, B oder C an.

A	Besser als gar nichts!
B	Das Leben ist voller Überraschungen
C	Wer arbeiten will, der findet auch Arbeit

Sie haben [A] angekreuzt? Sie sind spontan der Meinung, daß Bescheidenheit eine wichtige menschliche Eigenschaft ist? Richtig, doch es trifft nicht den Kern der Sache.

Sie haben [B] angekreuzt? Dann haben Sie intellektuell und emotional erfaßt, was es heißt, deutsch zu sein! Nämlich sich der Realität zu stellen, mit allem zu rechnen, aus allem das Beste zu machen, ohne sich einzureden, daß Niederlagen Siege sind. Als Deutscher weiß man, was verlorene Schlachten sind, aber man erinnert sich nicht an verlorene Kriege.

Sie haben [C] angekreuzt? Sie haben sich überlegt, daß deutscher Fleiß und deutsche Einsatzbereitschaft die wichtigste, die richtige Antwort auf die nebenstehende Zeichnung sind. Da liegen Sie ganz schön falsch! Denn ein verantwortungsbewußter Deutscher weiß um die aktuelle Notwendigkeit der Arbeitslosen. Wo wäre denn die deutsche Wirtschaft ohne die Arbeitslosen, die sich in durchaus anerkennenswerter Weise für die Volksgemeinschaft zur Verfügung gestellt haben? Es gäbe radikale Lohnforderungen, sozialpolitische Traumtänzereien, politische Unruhen! Wollen Sie das wirklich?

Sie sehen also, daß das Leben wirklich voller Überraschungen ist.

NENN ICH EINEN
ECHT DEUTSCHEN GEIST
MEIN EIGEN?

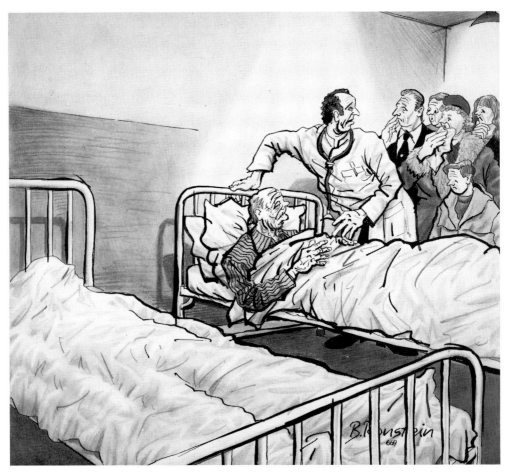

»Er sagte, daß er noch ein letztes Mal seine Pornosammlung sehen möchte.«

Was ist Ihrer Meinung nach die Kernaussage der Zeichnung?

 A Des Menschen Wille ist sein Himmelreich

 B Des Menschen Himmelreich ist sein Wille

 C Des Himmels Wille ist sein Menschenreich

10

Was denken Sie?

A	Der II. Weltkrieg war schöner!
B	So viele Sahnetörtchen wie auf dem Tisch sind ungesund!
C	Dem Alter gebührt Respekt!

Sie verfügen über folgende Sicht der Dinge:

A Eine SS-Einheit hätte gereicht

B Die Zeiten haben sich eben geändert

C Unter Hitler war eben auch nicht alles schlecht

12

Was sagen Sie zu den beiden Zeichnungen?

 Man muß den Tatsachen ins Auge sehen

 Wo Sonne ist, da ist auch Schatten

 Es ist nicht alles Gold, was glänzt

13

Sie empfinden, daß der Mann

 A Kommunist ist

 B Päderast ist

C Die Wagen gut geputzt sind

14

Welche Gedanken löst die Zeichnung bei Ihnen aus:

 A Ein Tropfen auf den heißen Stein

 B Eine Beamtin wäre charmanter gewesen

 C Früher ging es den Arbeitslosen noch schlechter

Was empfinden Sie jetzt?

A	Unglauben
B	Widerwillen
C	Irritation

16

Ihre Meinung:

 Gut gebeichtet ist
halb gewonnen

 Strafe muß sein

 Eine Hand wäscht die
andere

17

Sie denken, daß

 A Die Zeichnung eine Unverschämtheit ist

 B Die Zeichnung anti-demokratisch ist

 C Die Zeichnung schlecht gezeichnet ist

18

Welches Stichwort trifft auf beide Karikaturen zu:

 Traditionsbewußtsein

 Unionsbewußtsein

 Bewußtsein

19

Meinen Sie, die Äußerung ist

A	richtig
B	sehr richtig
C	am richtigsten

Sie sind der Meinung, dies ist zur vorhergehenden Seite ein(e)

 A Widerspruch

 B Ergänzung

C Aktualisierung

Ihre Ansicht:

A   So ist das Leben

B   So ist das Streben

C   So ist das Geben

Welchen Begriff verbinden Sie mit dieser Zeichnung?

A — Glaube

B — Illusion

C — Hoffnung

**Sie sind folgender
Auffassung:**

 Jede Wahrheit ist relativ

 Jede(r) hat das Recht auf
seine eigene Meinung

 Jedes Ding hat zwei Seiten

24

Ihre Ansicht ist folgende:

A   Es lebe der Fortschritt!

B   Es lebe der Rückschritt!

C   Es lebe der Schritt!

Sie denken an:

A	Arbeitsplatzschutz
B	Naturschutz
C	Denkmalschutz

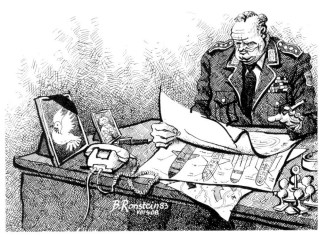

Sie denken an:

A	den Frieden
B	den Krieg
C	Krieg und Frieden

27

Sie betrachten beide Zeichnungen als Ausdruck von:

 A Ordnungssinn

 B Unsinn

C Sinnlosigkeit

Was trifft Ihre Gedanken zu dem Bild am ehesten:

A	Man muß sich anpassen
B	Man muß sich einfügen
C	Man muß sich arrangieren

Sie empfinden bei dieser Zeichnung

 A — Liebe zur Natur

 B — Liebe zu Tieren

C — Liebe zu Menschen

Diese Karikatur ist Ihrer Auffassung nach

A	eine Frechheit
B	eine große Frechheit
C	eine bodenlose Frechheit

Sie denken spontan folgendes:

 A Schluß mit der Agitation radikaler Lehrer

 B Der junge Mann ist ein Tierquäler

 C Es lebe die Gemeinsamkeit der demokratischen Parteien

Sie empfinden die Darstellung als

A	lästig
B	lustig
C	luftig

Sie haben dazu folgende Gedanken:

 A Es geht nicht um Millionen, sondern insgesamt um Milliarden bei uns

 B Deutsche Verhältnisse sind einmalig auf der Welt

 C Ausländerfeindlich

**Sie meinen, diese
Zeichnung ist**

A Politikfeindlich

B Hühnerfeindlich

C Eierfeindlich

Sie empfinden diesen Vergleich als

A	zutreffend
B	nicht zutreffend
C	weiß nicht

Sie meinen dazu

A	Frösche können nicht reden
B	Frösche können immer noch besser reden als viele Grüne
C	Frösche sind verzauberte Grüne

»Wünschen die Herrschaften das Gulasch mit Cäsium/Dioxin oder mit Strontium/Formaldehyd?«

Was ist Ihre Ansicht?

 Probleme hat es immer gegeben

 Probleme gibt es immer

 Probleme wird es immer geben

Er wollte sie endgültig loswerden! Jahrelang hatte er den Coup geplant, immer wieder neu gesucht, zigtausende umsonst ausgegeben! Seine ahnungslose Gattin wollte nie anbeißen. Doch jetzt endlich sah es so aus, als ob sie während seines vorgetäuschten Besuches einer Weihnachtsfeier mit seinem angeblichen alten Schulfreund – einem teuer bezahlten AIDS-Kranken – ungeschützt ins Bett gehen würde!

Sie meinen dazu:

 A Man sollte aus allem das Beste machen

 B Besondere Situationen erfordern besondere Maßnahmen

 C Wo ein Wille ist, ist auch ein Weg

Und was bewegt Sie beim Anblick dieses Cartoons?

A	einige Fragen
B	viele Fragen
C	sehr viele Fragen

Was fällt Ihnen dazu ein?

 Es gibt zu wenig Deutsche auf der Welt

 Es gibt zu wenig Welt für Deutsche

 Es gibt zu wenig Ausländer im Ausland

Ihrer Meinung nach hat der Mann:

A	recht
B	unrecht
C	'ne Macke

Welche Gedanken werden bei Ihnen ausgelöst?

 A Man soll die Vergangenheit ruhen lassen!

 B Was wahr ist, muß wahr bleiben

 C Die Aufzählung der Städte ist unvollständig

43

Welcher Satz trifft Ihre Gedanken am ehesten?

A	Leben heißt Kampf
B	Kampf heißt Leben
C	Das ist alles ganz schön schwierig

»Du hattest Recht, Hausi! Auch mir ist klar geworden, daß ich tatsächlich intensiver mit dir reden muß!!!«

Ihre Gefühle lassen sich wie folgt beschreiben:

 A Der Kampf der Geschlechter wird nie enden

 B Partnerschaft bedeutet Hingabe

 C Also, das mit den Männern und Frauen ...

45

Anzeigenannahme

»Ich lese noch mal vor: Sensibler, aufrichtiger Enddreißiger, leicht radioaktiv verseucht, mit Kind, sucht nette, tolerante, hübsche Frau um dreißig, Dioxin-Vergiftung kein Hindernis.«

B. Ronstein
87 III 969

Denken Sie bei dieser Karikatur an:

A	Ihre Eltern?
B	Ihre Kinder?
C	sich selbst?

**Welches Stichwort fällt
Ihnen dazu ein?**

A	Nachbarschaft
B	Meinungsaustausch
C	Mitleid

**Was finden Sie an den
beiden Zeichnungen gut?**

 Den zum Ausdruck
gebrachten Realitätssinn

 Die zum Ausdruck
gebrachte Lebensnähe

 gar nichts

48

Ihnen kommen folgende Überlegungen in den Sinn:

 A Ein schneller Tod ist der schönste Tod

 B In deutschen Ehen geht es nicht so grausam zu

 C So alt wird Kohl wegen seiner Aufopferung für das Vaterland nie werden

49

Sie haben den spontanen Eindruck, diese Zeichnung richtet sich gegen:

A	das Wetter
B	den Autoverkehr
C	Minister im allgemeinen und / oder im besonderen

Sie halten dies für:

 A eine unzulässige Verallgemeinerung

 B einen Mißbrauch deutscher Berge für politische Zwecke

C eine Aufhetzung

**Sie betrachten diese
Auffassung als:**

A	zukunftsorientiert
B	praxisnah
C	in sich logisch

Sie denken jetzt an:

A	die Humanisierung des Strafvollzugs
B	die erfolgte Sachbeschädigung
C	die Wechselfälle des Lebens

Was tun? Sollte er erst die Unterlagen über den AKW-Skandal deponieren oder doch dem Parteispenden-Boten folgen? Oder erst dem Mitwisser in der Steuer-affäre? Aber bald würde das Treffen im Partei-haus mit den chilenischen Geheimdienstlern zu Ende sein! Und dann waren da ja auch noch die zwei Leichen im Hobbykeller des Vorsitzenden X. Er hatte 20 Jahre lang als Journalist viel erlebt, aber im Regierungsviertel würde er nicht mehr arbeiten! Klar, den Kontaktmann zum abgesäg-ten Minister müßte er noch mal ausforschen...

Können Sie den Mann verstehen?

A	Nein!
B	Ja!
C	Kommt drauf an

Sie empfinden die Aussage des Unternehmers als:

 deutlich

 ausgewogen

C indifferent

Sie meinen dazu:

A   Erfolg kommt nicht von allein

B   Man sollte nichts dem Zufall überlassen

C   Nur der Erfolg zählt

TUSCH –„Wir bitten um absolute Ruhe! Alfredo wird jetzt dem Tod in die Augen blicken! Er wird über dieses Bassin balancieren –KLEINER TROMMELWIRBEL– welches gefüllt ist mit echtem Rheinwasser!" –TUSCH–

Was wird Ihrer Meinung nach zum Ausdruck gebracht?

 Einsatzfreude

 Risikobereitschaft

 Karrierebewußtsein

Er war mit Pseudokrupp aufgewachsen. Mit 12 bekam er sein erstes Nervenleiden. Inzwischen litt er u.a. auch noch unter einer Dioxin-Verätzung sowie einer Formaldehyd-Vergiftung, war mittleren Grades radioaktiv verseucht, hatte eine Asbest-Lunge und das erste Stadium von Hautkrebs. Über seine Glykol- und Kunststoff-Allergien redete er schon gar nicht mehr. Nun brauchte er nur noch AIDS, um vielleicht ins Guinessbuch der Rekorde zu kommen.

Sie empfinden den Ehrgeiz dieses Mannes als:

A beispielhaft

B verständlich

C vorbildlich

Jeder ist seines Glückes Schmied...

Können Sie dem zustimmen?

A	Ja, ein bißchen
B	Nein
C	Ja, unbedingt

Was ist Ihre Meinung dazu?

 A   Man muß mit allem rechnen

 B   Wunder gibt es immer wieder

C   Man darf sich nicht unter- kriegen lassen

Ihre Gedanken lassen sich beschreiben mit:

 A Wunder gibt es tatsächlich immer wieder

 B Das ganze Leben ist ein einziges Wunder

C Helmut Kohl ist das größte Wunder

**Könnten Sie sich eine
solche Szene in der Wirk-
lichkeit vorstellen?**

 A — Ja

 B — Nein

C — Es ist die Wirklichkeit

Sind Ihnen jetzt Zweifel am Sinn des Fortschritts gekommen?

 A Überhaupt nicht!

B Ja, schon

 C Kann ich noch nicht sagen

63

...und schon sind wir in der Endrunde bei der diesjährigen Wahl
unserer Miss Nuclear!

»Stell dir bloß mal vor, wie lange man diesen Anblick
bei Tempo 100 ertragen müßte!«

Sind Ihnen denn jetzt Zweifel am Sinn des Fortschritts gekommen?

 Nee

 Doch, ja

 Tscha, das ist so eine Frage

Was trifft Ihrer Meinung nach den Kern der Zeichnung?

A	Wo gehobelt wird, fallen Späne
B	Des einen Freud ist des anderen Leid
C	Geteiltes Leid ist halbes Leid

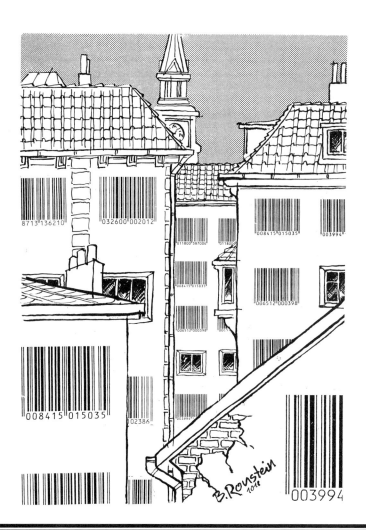

Sie finden dies

A	übertrieben
B	überzogen
C	überhaupt nicht

Zwischenbilanz Nr. 1

Tragen Sie hier bitte Ihre Punktzahlen ein:

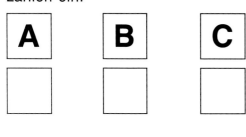

Sie haben hauptsächlich [A] angekreuzt?
Dann sollten Sie jetzt nicht leichtfertig dem weiteren Ablauf gegenübertreten. Bewahren Sie Ihre konsequente Linie.

Sie haben überwiegend [B] angekreuzt?
Na, das ist ja 'n Ding! Hätten Sie das von sich selbst gedacht? Wohl kaum! Stehen Sie auch wirklich dahinter?

Sie haben in erster Linie [C] angekreuzt?
Nicht übel! Nur — wissen Sie denn auch, warum Sie das gemacht haben? Ein Ratschlag für Sie: Mehr Ernst bei der Halbheit!

WIE STEHT'S MIT MEINEM DEUTSCHEN SEELENLEBEN?

»...auf Ihrer Fahrbahn kommt Ihnen ein Geisterfahrer entgegen. Bleiben
Sie am rechten Fahrbahnrand und überholen Sie nicht!«

Sie empfinden folgendes:

A Die deutsche Sprache ist Ausdruck der deutschen Seele

B Die deutsche Sprache ist die klarste der Welt

C Die deutsche Sprache ist einfach nur schön

Sie begrüßen an der Zeichnung

 A   die positive Grundeinstellung

 B   die optimistische Haltung

C   die hoffnungsvolle Erwartung

Was löst diese Zeichnung in Ihrem Innersten aus?

A	Einen Traum von Freiheit
B	Eine Illusion von Freiheit
C	Eine Hoffnung auf Freiheit

Ihre Gefühle lassen sich beschreiben mit:

A	Abscheu und Entsetzen
B	Trauer und Ärger
C	Einsicht in das Wesentliche

Was denken Sie jetzt?

 A   Karl May ist ein guter Schriftsteller

 B   Karl May ist ein umstrittener Schriftsteller

 C   Karl May ist mein Lieblingsschriftsteller

Ihre Meinung dazu:

 Ausländer können uns
Deutsche gar nicht begreifen

 Ausländer wollen uns
Deutsche gar nicht begreifen

 Auländer brauchen uns
Deutsche auch gar nicht zu
begreifen **75**

Da stand er nun nach den ganzen nervenden Auseinandersetzungen vor ihr und
zeigte endlich seine Gefühle, doch seine Tränen wurden gar nicht wahrgenommen

**Sie fühlen sich an fol-
gende Tatsachen erinnert:**

 Deutsche sind gefühlvolle
Menschen

 Deutsche sind die gefühlvoll-
sten Menschen

 Ich erinnere mich an nichts

Was weckt diese Zeichnung in Ihnen?

 Mitgefühl

 Neugier

C Reiselust

»Kann doch keiner ahnen, daß hier noch so'n Ding rumsteht!«

An was denken Sie jetzt?

 Daß ich wieder mal andere Tapeten sehen muß

 Daß ich die Welt kennenlernen will

 Daß es zu Hause am schönsten ist.

Was kommt in Ihnen auf?

A — Heimatgefühle

B — Tierliebe

C — gar nichts

Sie empfinden jetzt ein Gefühl von:

A — Ordnung

B — Sauberkeit

C — Ruhe

Da saß sie nun im Atombunker und fragte sich, ob es ihr Gatte noch rechtzeitig schaffen würde, mit dem Sparkassenbuch wieder zurückzukommen.

Sie haben für die Frau:

A	Verständnis
B	Mitleid
C	Ratschläge für Kapital-anlagen

Ihre Empfindungen sind geprägt von:

 Glauben und Hoffen

 Hoffen und Wünschen

 Wünschen und Glauben

82

Sie sagen dazu folgendes:

 Ich habe keine Angst mehr vor dem Atomkrieg

 Ich hatte noch nie Angst vor dem Atomkrieg

 Ich hatte noch nie Angst

»Tragisch, tragisch! Aber wie man heute so sagt: Verliebt – verlobt – verseucht.«

Sie meinen dazu:

 daß das Leben weitergeht

 daß das Leben weitergehen muß

 daß das Leben auch nach dem Tode weitergeht

Ihre Gedanken lassen sich wie folgt zusammenfassen:

Für Geschwindigkeitsfragen ist der Heilige Geist zuständig

Der Pfarrer will lediglich der Ordensschwester imponieren

Freie Fahrt für freie Bürger

**Wie interpretieren Sie
obige Zeichnung?**

 A Als Appell an die Vernunft

 B Als Wunsch nach religiöser
Toleranz

 C Als Forderung nach Einheit
von Religion und Politik

»Kam mir doch gleich komisch vor, daß die SPD uns Grüne zum kalten Büffett einlädt.«

Sie empfinden:

 Verständnis für diese jungen Leute

 Ablehnung dieser skeptischen Grundhaltung

 Zweifel, ob diese beiden Zeichnungen überhaupt zusammengehören

87

Empfinden Sie das Verhalten der Frau als:

A intolerant?

B angemessen?

C typisch weiblich?

88

Ihre Meinung:

A	Selbsterkenntnis ist der erste Weg zur Besserung
B	Männer haben es nicht einfach heutzutage
C	Die Tapete ist schrecklich

Sie denken an:

A Ihre Ehe / Partnerschaft

B Die Ehe / Partnerschaft Ihrer Eltern

C Scheidung

90

»Jaa, jaa-ich weiß:
Ich bin sowieso nur noch vollkommen uninteressant
und langweilig für dich, Irmgard, aber
ich möchte trotzdem mit dir über das Wetter reden.«

Sie erkennen sich in dieser Zeichnung:

A wieder

B nicht wieder

C zum Teil wieder

Worauf haben Sie am heftigsten reagiert?

A Auf das Fernsehprogramm

B Auf den Nikotinkonsum

C Auf die schreckliche Tapete

Sie stellen folgendes fest:

 Der Keller ist nicht aufgeräumt

 Solche Menschen dürfen keine Kinder haben

C Es wurde offensichtlich keine Vollwertkost gereicht

Was fällt Ihnen jetzt ein?

A	Ich fahre 1. Klasse
B	Ich fahre Auto
C	Ich habe einen Behinderten-ausweis

Was finden Sie am Verhalten dieser Menschen gut?

 Die Klarheit ihrer Sprache

 Die Offenheit ihres Verhaltens

C Die Fähigkeit zur Differenzierung

>> Na und? Det hab ick schon x-mal mit Tauben jeseh'n! <<

Worüber freuen Sie sich jetzt?

 Über die kritische Einstellung der dargestellten Personen

 Über die Gelassenheit derselben

 Über gar nichts

Tagelang hatte sie gesucht, stundenlang hatte sie anstehen müssen! Sie hatte sich so viel Mühe gegeben, um dann festzustellen, daß ihre Familie überhaupt keine schadstofffreie Nahrung mehr vertrug.

Sie empfinden:

A	Ekel
B	Abscheu
C	Ungeduld

Sie empfinden:

A	das gleiche wie eben
B	nicht das gleiche wie eben
C	diese Zeichnung als anti-amerikanisch

Fühlen Sie sich jetzt besser?

| A | teils, teils |

| B | ja |

| C | nein |

**Sehen Sie den inhalt-
lichen Zusammenhang der
letzten 14 Seiten?**

A   Nein!

B   Doch, ja!

C   Weiß nicht

Sehen Sie einen Zusammenhang zwischen Sexualität und Gewalt?

A	Ja
B	Nein
C	Kann sein

»Moment mal, Kleines! Ich sollte mit dir wohl erst mal die Gewaltfrage ausdiskutieren!«

Welche Gefühle wurden bei Ihnen ausgelöst?

A	romantische
B	skeptische
C	sachliche

Wie fassen Sie diese Zeichnung auf?

 A   Als übertrieben

 B   Als realistisch

C   Als männerfeindlich

»Und das mit Christoph hast du mir ja auch falsch erzählt. Ich hab' nämlich zufällig dein Tagebuch gefunden.«

Können Sie die Haltung des Mannes teilen?

A Ja, natürlich!

B Ja, unbedingt!

C Ja, absolut!

Können Sie auch diesen Mann verstehen?

| **A** | Aber klar! |

| **B** | Logisch! |

| **C** | Eigentlich nicht so ganz |

**Und wie ist es um Ihre
Meinung zu diesem Mann
bestellt?**

 A   Kann ich verstehen

 B   Ist ein Spinner

 C   Soll doch machen, was er will

Stets hatte sie ihn zärtlich „lieber Spinner" genannt.
Stets hatte sie alles ertragen: seine Macho-Allüren,
seine Fremdgeherei, sein Hypochondertum, seine
Arbeitslosigkeit, seine Sanyassin-Phase, seine
Pleiten als Musikmanager und als Wohnungs-
makler, seine Therapiegruppen, seine Ausflipper-
eien. Doch als er jetzt in die CDU eintrat...

Wie steht es mit Ihrem Verständnis für diese Frau?

 A Nicht vorhanden

 B Teilweise vorhanden

 C Frauen neigen zur Hysterie

Und fühlen Sie sich mit dieser Frau solidarisch?

A	Um Gottes Willen!
B	Ja!
C	Nein!

Sie beurteilen die Dinge wie folgt:

 Ganz anders

 Vollkommen anders

 Ziemlich anders

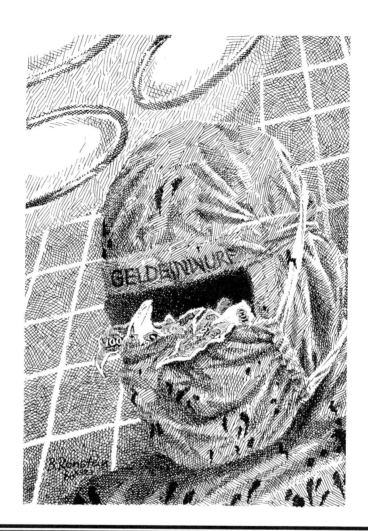

Ihre Gedanken kreisen um folgende Sätze:

A	Geld regiert die Welt
B	Ohne Fleiß kein Preis
C	Wer den Pfennig nicht ehrt, ist des Talers nicht wert

**Was strahlt diese Zeich-
nung für Sie aus?**

A	Eine tiefe, im Innersten begründete Sachlichkeit
B	Eine wohlausgewogene perspektivische Harmonie
C	Eine um sich greifende argumentative Ruhe

» Ich sage keinen Ton mehr ohne meinen Computer!!!«

**Sie empfinden die
Atmosphäre in beiden
Bildern als**

 seelenlos

 unmenschlich

C fortschrittlich

»...für jeden der drei Wünsche einen gesonderten Antrag ausfüllen und von jedem Antrag zwei beglaubigte Kopien beifügen!.«

Sie sagen hierzu:

 Ordnung ist das halbe Leben

 Ordnung ist das ganze Leben

 Leben ist die ganze Ordnung

»Die Zeit läuft, Herr Moosbach-Bördelheimer! Ich stelle die Frage noch einmal: Wie nannte man diese Art Lebewesen?«

»Na also, Liebling! Ich wußte doch, daß man auch in Griechenland noch richtig ruhige, einsame Plätze finden kann!«

Von diesen Bildern geht Ihrem Gespür nach eine

 A   gewisse Romantik aus

 B   klare Zweckorientiertheit aus

 C   ziemliche Blödsinnigkeit aus

Sie unterstützen die Argumentationslinie des Mannes:

A überhaupt nicht

B nur zum Teil

C vollkommen

Sie können sich in diese Situation hineinfühlen?

A — Eventuell

B — Kommt drauf an

C — Unter Umständen

Mit welchem Wort würden Sie die Atmosphäre des Bildes beschreiben?

 A   Dummheit

 B   Sehnsucht

 C   Ausweglosigkeit

Zwischenbilanz Nr. 2

Übertrag von Kapitel 1
(Seite 67):

A	B	C

Tragen Sie hier bitte Ihre Punktzahlen aus Kapitel 2 ein:

A	B	C

Sie haben hauptsächlich [A]
angekreuzt?
Aha! Sind Sie sich Ihrer Sache
auch wirklich sicher? Oder sollten Sie nicht die eine oder
andere Antwort nochmal überprüfen?

Sie haben überwiegend [B]
angekreuzt?
Warum eigentlich? Machen Sie
es sich nicht irgendwie zu
einfach? Versuchen Sie auch
wirklich nicht, Ihr Endergebnis
von vornherein zu beschönigen?

Sie haben in erster Linie [C]
angekreuzt?
Sie werden wohl wissen, warum.
Oder es zumindest glauben.
Oder fühlen oder so. Aber wird
das ausreichen?

HAB' ICH EIN RICHTIG DEUTSCHES VERHÄLTNIS ZU MEINEM KÖRPER?

Was fällt Ihnen hier auf?

A	Das Rauchen im Schlaf-zimmer
B	Das Nachtgewand der Ehefrau
C	Der Spiegelschrank dem Bett genau gegenüber

Sie halten die Reaktion des Mannes für:

 Unsachlich

 Ungezogen

C Unmöglich

„So'ne Scheiße", dachte er, „daß damals die Atomspreng-
köpfe abgerüstet worden. Es hätte sonst schon längst
aus und vorbei sein können. Aber diese B-Waffen…"

**Sie empfinden die Zeich-
nung als:**

A	abschreckend
B	widerlich
C	realistisch

Während draußen die goldene Morgensonne
ins Firmament hinaufstieg, streichelten
ihre zierlichen, wohlgeformten Fingerkuppen
mit verhaltener Zärtlichkeit Klaus-Uwes Rücken.
Ihre Gedanken jedoch wanderten immer
wieder zurück und ihr Herz pochte wild, wenn
sie an Hartwig dachte: Sogar seine Pickel
waren prächtiger und gehaltvoller gewesen.

**Sie verstehen die Sehn-
sucht der Frau?**

 Nein

 Nein, aber...

 Nein, doch...

Für Sie ist das:

A	Frauenfeindlich
B	Warencodefeindlich
C	Strapsfeindlich

124

Wie würden Sie die Argumentation des Filmemachers beurteilen? Als:

A	Randgruppenfreundlich
B	Umsatzfreundlich
C	Freundlich

»Das mit der Folter hätte ich in Chile doch nicht so betonen sollen. Zwar haben wir wie erwartet ein Plus von über 45000 Stimmen bei den New-Age-Anhängern mit sozialpädagogischer Ausbildung, aber dafür sind wir bei den Sado-Masochisten mit katholischem Glauben um 230000 Stimmen zurückgegangen!«

Sie finden die Aussage:

A schlüssig

B selbstkritisch

C gut

Aufgrund der jahrzehntelangen Tradition, des breit gefächerten Potentials und der intensiven Vorbereitung nahm es niemanden Wunder, daß beim internationalen Wettbewerb der Mitläufer die drei ersten Plätze triumphal von Deutschen belegt wurden...

**Sie kennzeichnen diese
Karikatur als:**

A	sportlich
B	unfair
C	glaubhaft

Ihre Auffassung hierzu:

 Man muß seinen Körper schonen

 Man muß die Einheit von Körper und Geist anstreben

 Man muß die Einheit von Körper, Geist und Seele anstreben

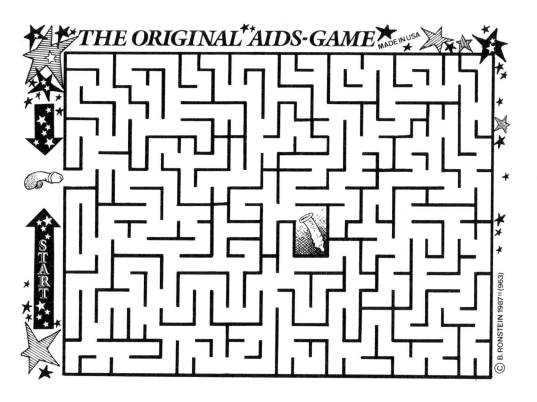

THE ORIGINAL AIDS-GAME MADE IN USA

© B.RONSTEIN 1987 III (963)

START

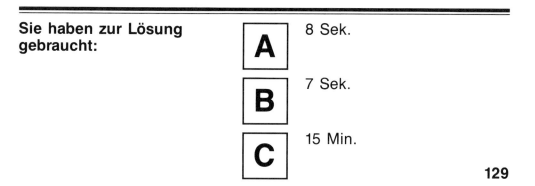

Sie haben zur Lösung gebraucht:

A	8 Sek.
B	7 Sek.
C	15 Min.

Teilen Sie die Skepsis des jungen Mannes?

 A Nein

 B Nein

C Nein

Sie teilen die geäußerte Meinung?

A	Ja
B	Ja
C	Ja

Ihrer Meinung nach achtet die Frau auf:

A	ihren Körper
B	ihren Egoismus
C	den Umsatz der chemischen Industrie

Ist Ihrer Meinung nach ein gesunder Geist in einem gesunden Körper die Voraussetzung für erfolgreiche Höchstleistungen in Wirtschaft und Gesellschaft?

 Unbedingt!

 Ohne Zweifel!

 Aber klar doch!

Sie würden Ihre Meinung von der vorherigen Seite noch einmal wiederholen?

 A Kommt drauf an

 B Nein

 C Ja

Sie finden die abgebildeten Körper:

A	zweckmäßig
B	schön
C	zum Teil veraltet

135

»Und das ist der Genosse, der im Auftrag des Zentral-
komitees unserer Sozialistischen Einheitspartei über
das Thema „Sozialismus und Demokratie" nachdenkt«

**Die Zeichnung hat Ihrer
Meinung nach:**

 eine billige Alibi-Funktion

 überhaupt keinen Sinn

 eine große Bedeutung für
kleingeistige Mitbürger

Sie glauben hierzu folgendes:

 A Zwei gegen einen ist unfair

 B Die beiden Läufer sollten sich vor übereilten Schritten hüten

 C Körperliche Überlegenheit verleitet zu aggressivem Verhalten

137

Ihrer Meinung nach ist dies:

A
eine Diskriminierung der Körperbehinderten

B
eine Auseinandersetzung mit dem Thema „Eifersucht"

C
eine gelungene Mischung aus Schwachsinn und Blödheit

138

Welche Details haben Sie zuerst beachtet?

 A den herunterrutschenden Augapfel

 B die Länge der Gedärme

 C die Anzahl der Blutspritzer

Für Sie ist folgendes klar:

 Körperbewußtsein und Sauberkeit gehören zusammen

 Das Kind muß besser erzogen werden

 Der Garten sieht wirklich sehr gepflegt aus

Sie ordnen dies ein als:

A	anti-deutsche Provokation
B	typische Unsinnigkeit
C	kaum zu glaubende Verirrung des guten Geschmacks

141

Zwischenbilanz Nr. 3

Übertrag von Kapitel 1 und 2
(Seite 118):

A	B	C

Tragen Sie hier bitte Ihre Punktzahlen aus Kapitel 3 ein:

A	B	C

Sie haben hauptsächlich [A]
angekreuzt?
Kann es sein, daß Sie allzu vor-
schnell sind? Haben Sie sich
selbst überlistet? Nehmen Sie
die Sache wirklich ernst?

Sie haben überwiegend [B]
angekreuzt?
Sie wissen, daß das alles nicht
so einfach ist! Aber wissen Sie
auch, daß einfach nicht so alles
ist? Eben, da haben Sie's.

Sie haben in erster Linie [C]
angekreuzt?
Sie scheinen sich über etwas im
Klaren zu sein! Nur haben Sie
noch keine Ahnung, über was
eigentlich.

AUSWERTUNG

Sie haben mehrheitlich [A] angekreuzt (und mehr [B] als [C]):
Sie nähern sich der Vollkommenheit. Ihr beispielhaftes Wirken strahlt weit über Ihr persönliches Umfeld hinaus. Sollten Sie noch nicht verheiratet sein, so haben Sie die moralische Verpflichtung, dieses nachzuholen und für Nachwuchs zu sorgen.

und mehr [C] als [B]:
Sie sind überdurchschnittlich deutsch: Sie genießen den Respekt Ihrer Nachbarn und Kollegen. Ihre Meinung hat Gewicht. Ihre weitere Zukunft als Deutsche(r) basiert auf einem sehr soliden Fundament. Doch sollten Sie sich fragen, ob Sie in einigen Punkten zu überzogener Toleranz neigen.

gleich viel [B] und [C]:
Sie befinden sich auf dem richtigen Weg. Lassen Sie sich nicht durch aktuelle Ereignisse und Entwicklungen irritieren. Denken Sie daran: Es geht um das Große und Ganze. Ihr Traditionsbewußtsein, speziell Ihr Verhältnis zu den letzten Abschnitten deutscher Geschichte ist noch zu sehr beeinflußt von längst überholten linken Agitationsklischees.

Sie haben mehrheitlich [B] angekreuzt (und mehr [A] als [C]):
Seien Sie nicht so schwankend. Besinnen Sie sich auf die Grundlagen, die seit Jahrhunderten das Schicksal unseres Volkes bestimmen. Ohne Zweifel sind Ihre Ansätze zum Deutschsein positiv, doch hüten Sie sich vor den Irritationen, wie sie von linken Meinungsmachern ausgehen.

und mehr [C] als [A]:
Sie geben sich Mühe, doch das allein reicht nicht. Deutsch ist man nicht nur in Gedanken, deutsch ist man vor allem in der Tat. Überprüfen Sie Ihr Alltagsverhalten auf die Frage hin, ob Sie wirklich jedesmal die nötige Konsequenz walten lassen.

gleich viel [A] und [C]:
Sie befinden sich in einer Krise Ihrer nationalen Identität. Richten Sie Ihr Augenmerk verstärkt auf die positiven Aspekte. Beschränken Sie Ihre Kritikwütigkeit auf ein angemessenes Maß. Ihre Zweifel sind im wesentlichen unberechtigt.

Fortsetzung nächste Seite

Sie haben mehrheitlich [C] angekreuzt
(und mehr [A] als [B]):
Sie betrachten Deutschsein als persönliche Belastung. In vielen Fragen nehmen Sie sich selbst zu wichtig. Befreien Sie sich von Ihren Skrupeln, wenn es Ihnen noch möglich sein sollte. Nur dann haben Sie noch eine kleine Chance, deutsch zu werden.

und mehr [B] als [A]:
Sie brauchen dieses Buch gar nicht erneut zu lesen. Es ist zwecklos. Aus Ihnen wird nie im Leben ein(e) gute(r) Deutsche(r)! Hören Sie sofort auf! Geben Sie das Buch zurück an die Buchhandlung oder den Verlag. Verteilen Sie es nicht in Ihrem Bekanntenkreis, der dürfte genauso undeutsch sein wie Sie!

gleich viel [A] und [B]:
Wohl Ausländer, was?